WHY?

¿POR QUÉ?

POURQUOI?

WHY?
¿POR QUÉ?
POURQUOI?

James Cockcroft

Hidden Brook Press

First Edition

Hidden Brook Press
www.HiddenBrookPress.com
writers@HiddenBrookPress.com

Copyright © 2009 Author

WHY? ¿POR QUÉ? POURQUOI?
by James Cockcroft

Layout and Design – Richard M. Grove
Cover Design – Richard M. Grove
Cover Art – Víctor Manuel Velázquez Mirabal
Chapter Art – Víctor Manuel Velázquez Mirabal

Printed and bound in Canada

Library and Archives Canada Cataloguing in Publication

ISBN - 978-1-897475-26-3

Cockcroft, James D
    Why? ¿Por qué? Pourquoi? / James Cockcroft.

Poems and preface in English and Spanish, with
    2 poems in French.

    I. Title.
PS8605.O549R62 2009   811'.6   C2009-900577-8

to the Cuban Five and their families

a los Cinco Héroes Cubanos y sus familias

aux 5 Cubains emprisonnés et à leur famille

Acknowledgments

"Let's dance! Jane Carolina Canning, Presente...," "Liquid glazes our love," and "Autumn train ride" appeared in Serai, "¿Por qué?" and "Sin cultura no hay libertad posible" in La Jiribilla, "Hace cuarenta años caminaba" in Rebelión and Che 80, "Morning scene, leaves of life," "Escena mañanera, frondas de la vida," "For song by Pepe González," and "Para canción por Pepe González" in Borderless Skies/Cielo sin fronteras, "Blue heron" in Many Waters, "You flew by" in An Eternity of Beauty, "Learn from birches" in All about Mentoring and together with "Aprende de los abedules" in The Ambassador, "Why?" in Hola Cuba.

I wish to extend my profound gratitude to Maria José Giménez for her review of my translations, as well as to Wency Rosales, Jean-Pierre Pelletier, Jean-Pierre Daubois, Katharine Beeman, and Suni Paz for their assistance in specific translations where indicated. I am especially grateful to Katharine Beeman and Susan Caldwell for their constant support of my poetry adventure. Thanks also to Ben Cockcroft, Hugh Hazelton, and artist Víctor Manuel Velázquez Mirabal for their assistance. Finally, to poet and publisher Richard Grove, a special "abrazo" of appreciation.

Agradecimientos

"Let's dance! Jane Carolina Canning, Presente...," "Liquid glazes our love," y "Autumn train ride" aparecieron en Serai, "¿Por qué?" y "Sin cultura no hay libertad posible" en La Jiribilla, "Hace cuarenta años caminaba" en Rebelión y Che 80, "Morning scene, leaves of life," "Escena mañanera, frondas de la vida," "For song by Pepe González," y "Para canción por Pepe González" en Borderless Skies/Cielo sin fronteras, "Blue heron" en Many Waters, "You flew by" en An Eternity of Beauty, "Learn from birches" en All about Mentoring y junto con "Aprende de los abedules" en The Ambassador, "Why?" en Hola Cuba.

Deseo agradecer profundamente a Maria José Giménez por su revisión de mis traducciones, tan como a Wency Rosales, Jean-Pierre Pelletier, Jean-Pierre Daubois, Katharine Beeman, y Suni Paz por su ayuda con las traducciones específicas indicadas. A Katharine Beeman y Susan Caldwell estoy particularmente agradecido por su apoyo constante de mi aventura de poesía. Gracias también a Ben Cockcroft, Hugh Hazelton, y el artista Víctor Manuel Velázquez Mirabal por su asistencia. Finalmente, para el poeta y editor Richard Grove, un abrazo especial de agradecimiento.

CONTENTS / ÍNDICE

I

Poetry As Love And Grief, Or... ?
¿Poesía Como Amor Y Dolor, O...?

II

Poetry As Nature, Or... ?
¿Poesía Como La Naturaleza, O...?

III

POETRY AS POLITICS, OR... ?
¿POESÍA COMO LA POLÍTICA, O...?

Preface

For me poetry involves a veritable Gordian knot of questions all of us face no matter what our backgrounds. Often viewed as a kind of angst or celebration or some other dimension of the "individual" self, poetry is, like all the arts, a collective and universal experience. That is why when I jovially declare to friends "Without poetry, there can be no revolution," their eyes often light up!

As a bilingual intellectual, I am best known for my works of historical and political analyses of Latin America and U.S. imperialism, but I also write books and articles on art and culture. There, I always recognize the deep hunger human beings have for some art, beauty, creative expression, books, music, dancing, connection to Nature, spirituality, wisdom in their lives.

Fidel Castro has made the same point with his proclamation "Without culture freedom is impossible" ("Sin cultura no hay libertad possible.") In happy agreement, I boldly borrowed his words to compose a poem in Spanish on the occasion of his 80th birthday, a poem I offer in Part III.

In the final analysis, poetry, part of the fabric of daily life in Latin America and a few other societies but barely surviving in some parts of the world, engages the poet, reader or listener, and larger communities of human beings in what I call "the mystery" -- the deeper hidden places of love, life, politics, death, grief, joy, etc. It is this "mystery" dimension of poetry, along with its musicality, rhythm, and several other nuances about which even poets may not be aware, that makes poetry so powerful for those who open themselves to it or write it.

I started writing poems as a young man, usually imitating other poets from around the world. However, I rarely returned to creating verse except during extreme moments of love or beauty, finally becoming more engaged with poetry when the trauma of the sudden death in 1995 of my beloved partner Hedda Garza propelled me into writing poems as a necessary personal therapy. At that point, I did not see my poetry as anything more than what I simply had to do for my own survival. Deep in the abyss of my own grief, I was not interested in the possibility of some of my poems' "universality."

Of course, I speak here only of those poems "that work." But what makes a poem "work"? I still don't know. That's part of the mystery. But this much I do know: to "work," a poem must contain feeling, "sensibility" if you like, and others must feel its content.

Now, it has become natural for me to write and read poems whenever and wherever I can. I offer up here only a selection of the poems in their original languages, some in English, some in Spanish -- since I think, write, dream, and feel in one or the other language, depending on the circumstances. Each poem appears first in its original language, followed by the translation. I translated most of the poems, but other people made helpful suggestions. The professional translator María José Giménez, herself a poet, reviewed and improved most of my translations by mending occasional inadequacies in the Spanish. Two of the poems appear also in French, because friends in Quebec wanted to have them available for their people.

James D. Cockcroft, Montreal, Quebec, Canada, World.
September 12, 2008.

Prefacio

Para mí la poesía implica un verdadero nudo gordiano de preguntas que nos atacan sin importar nuestros orígenes. A menudo considerada como una especie de angustia o de celebración, o quizá otra dimensión del "individuo", la poesía es, como todas las artes, una experiencia colectiva y universal. Por eso se iluminan los ojos de mis amigos cuando proclamo, jovial, que "Sin poesía, no puede haber revolución".

Como intelectual bilingüe, se me conoce mejor por mis libros de historia y análisis político de América Latina e imperialismo estadounidense, aunque también he escrito libros y artículos sobre el arte y la cultura. En ellos siempre distingo el ansia profunda de los seres humanos de llenar la vida de arte, belleza, expresión creativa, libros, danza, conexión con la Naturaleza, espiritualidad, sabiduría.

En su proclamación "Sin cultura no hay libertad posible", Fidel Castro planteó ese mismo punto de vista, el cual comparto felizmente y cuyas palabras me atreví a tomar para componer, con motivo de su 80 aniversario, el poema en español del mismo título que ofrezco en la Parte III.

En conjunto, la poesía, como parte del tejido de la vida diaria en América Latina y en otras pocas sociedades, y que apenas sobrevive en ciertos lugares del mundo, compromete al poeta, lector u oyente, y a la gran comunidad humana con lo que yo llamo "el misterio", aquellos lugares ocultos al fondo del amor, la vida, la política, la muerte, el dolor, la alegría... Es en esta misma dimensión del "misterio" de la poesía, junto con su musicalidad, ritmo y otros matices que hasta los poetas mismos quizá desconozcan, donde radica el poder que esta ejerce sobre quienes la reciben o la escriben.

Aunque empecé a escribir poesía en mi juventud, normalmente imitando poetas de otros países, raramente volvía a la creación del verso salvo en momentos extremos de amor o de belleza, para volcarme en ella finalmente cuando el trauma de la muerte repentina en 1995 de mi amada compañera Hedda Garza me impulsó a escribir poemas como una forma necesaria de terapia personal. En aquel momento, veía la poesía como nada más que una actividad vital para poder sobrevivir. Hundido en el abismo de mi propio dolor, no me interesaba la posible "universalidad" de mis poemas.

Naturalmente, aquí hablo sólo de aquellos poemas "logrados". Pero ¿qué resulta en un poema "logrado"? No lo sé. Eso es parte del misterio. Pero sí sé que para ser "logrado", un poema debe contener un sentir, una "sensibilidad", si se quiere, y los lectores deben poder sentir su contenido.

Actualmente se me hace natural escribir y leer poemas siempre que puedo. Ofrezco esta breve selección de poemas en su idioma original, unos en inglés, otros en español, puesto que pienso, escribo, sueño y siento en uno de los dos idiomas según las circunstancias. Los poemas aparecen primero en su idioma original, seguidos de la traducción, que yo mismo realicé en la mayoría de los casos con la ayuda de sugerencias de otras personas. La traductora profesional María José Giménez, también poeta, revisó y mejoró la mayoría de mis traducciones con la corrección de alguna que otra falta en el español. Hay dos poemas que aparecen además en francés, puesto que algunos amigos de Québec querían ponerlos a la disposición de su gente.

James D. Cockcroft, Montreal, Québec, Canadá, Mundo.
12 de septiembre de 2008.

I

Poetry As Love And Grief, Or... ?
¿Poesía Como Amor Y Dolor, O...?

Hardheaded woman

(poem saved by Hedda Garza, d. 1995)

Hardheaded woman
talk mean,
cut through shit,
take no jive
from man she love.

Softheaded man
learn a lot
from her;
get tough with
self and friends.

Hardheaded woman
love sweet,
big in heart,
big enough for
bighearted,
tightfisted,
softheaded,
but half-wise man.

That make them
down, each in
the other till
don't know who's who,
but know great flowering
love,
each time like it's
been a long time since...

hardheaded woman a
gypsy whose love knows,
understands,
guesses (sometimes wrong),
no bounds.

Gonna take away all that pain,
make the hard and soft all wet
and solid, intertwined,
in our symphony of
leaves, flowers, artichokes,
and something new.

Mujer realista

(poema salvado por Hedda Garza, m. 1995)

Mujer realista
habla mal,
no aguanta pendejadas
ni del hombre que ama.

Hombre ingenuo
aprende mucho
de ella;
da mano dura a
sí mismo y a amigos.

Mujer realista
ama dulce,
con corazón grandote,
bastante grande para
hombre duro,
ingenuo,
pero medio-sabio y
de gran corazón.

Y se juntan
uno en el otro,
hasta que
no se sabe quién es quién,
pero conocen un gran amor
que florece
cada vez como si
fuera un largo tiempo desde...

Mujer realista
gitana cuyo amor no conoce,
comprende,
ni adivina (a veces sí),
límites.

Quitaré todo ese dolor,
haré lo duro y lo blando todo húmedo
y sólido, entretejidos,
en nuestra sinfonía de
hojas, flores, alcachofas,
y algo nuevo.

Sitting at Susan's Christmas mo[u]rning

(a grief/love/joy poem)

I hear the shower and Handel's music
splashing in the background,
as sun's rays shaft through
purple bottles on window's ledge
and glisten turkey skin
blistering in oven.

I finish Berger's To the Wedding,
reading his epiphany lines of death--
and I recall Hedda's...

Burning heat of love's infinite touch
before sudden unfairness
of clammy palm...

Susan darts, shower to bedroom,
wet, exuberant!
Sun splashing purplish tint on white leg scar.

Berger's bride/death nakedness of Susan,
young, middle-aged, fiction, reality...
past, present, here, apart, together.

Joy triumphant!

Mañana de Navidad sentido en el apartamento de Susan

(poema de dolor/ amor/ alegría)

Oigo la ducha y la música de Handel
salpicar en el fondo,
mientras los rayos de sol hienden
botellitas purpúreas en la repisa de la ventana
y brillan la piel del pavo
que se dora en el horno.

Termino la novela de Berger A la boda,
leo sus líneas de epifanía de muerte –
y recuerdo la de Hedda...

Calor ardiente del tacto infinito del amor
antes de la repentina injusticia
de la palma húmeda, fría...

¡Susan entra como una flecha,
de ducha a recámara,
mojada, eufórica!
El sol salpica tinte purpúreo en la cicatriz blanca de su
pierna.

La desnudez de novia/muerte de Berger en Susan,
joven, madura, ficción, realidad...
pasado, presente, aquí, separadas, juntas.

¡Alegría triunfal!

On curving roads by the fire

One winter's evening,
by the Schroon River,
coming off the Northway,
I drove a singular set
of curving roads...

Three or four roads actually,
their own history,
ours.
I, with Susan now,
returning home
from Montreal,
loved and loving,
in my splashy new used car,
each curvaceous turn
starkly clear
in my head.

I caressed the first or second
of those serpentine curves,
when, on my left,
in the headlights,
a white flash of sunlight
startled me.

It framed your fire-orange hair and
hunched body,
pedaling hard and
leaning into the curve
...one of our bike hikes.

I silently acknowledged us
as I drove past,
Susan lost in thought on my right.

The next curves brought back
a more vivid memory:
your ambulance crawling
the crisp curves
in scorched sun after
my surrender of you
to Emergency Squad medics,
your choking sigh of
"Let them take me now."

And so I followed,
wondering "Why this way?"
sure that it was the roundabout way,
not the faster, more direct route through town,
feeling helpless.

Aware how abruptly, coldly,
knowingly,
separated were we
for time being.

Turning the car off Route 8
onto Atateka Drive while
almost touching Susan's fingers
with my right hand,
I inwardly shuddered at
the memory of

each minute's hour of that
seemingly endless crawl,
happy to be together again in the
Emergency Room...

Then, in a singular flashing,
I recalled
your last three days
as if I were you.

Each moment:
your camaraderie with nurses;
your distrust of King Doctor;
our strategizing;
your concern for me;
your joy at seeing Jacob,
Ruth, and Richie
in from Vienna,
and your rising to that occasion.

Your incredible outpouring
of love,
and veiled worry,
in endless hours of unbearable
not knowing why
you could barely breathe,
your body's deepening pain
relieved only by the
orderly's midnight backrubs...

He had to be careful,
he told you,
for sexual harassment
codes were all the rage...

"Fuck that shit,"
you told him.
"Rub!"

Most of all, I remembered
your agreeing to my plea
to "hang in there" and then
falling into a peaceful sleep...

As if all was as it should be,
me at your side,
your son a phone call away,
your abandoning daughter not
springing last-minute stunts,
your TV scripts and novels
well on their way...

When it was all wrong,
of course,
terribly wrong,
however defined...
destined?

So that when you awoke and
could not breathe
no matter how much
we turned up the oxygen
and you lasted only 44 minutes
and in an eye-rolling instant
went from living to dead,
whatever light burned within was
permanent,
unquenchable,
ablaze forever.

You were out.

*

Some months later
I pulled myself out of,
yet periodically
re-descended into,
the abyss of my ripped pain.

*

So it was,
returning home
that winter's eve,
along curving roads,
that I embraced
a new life,
strong,
serene,
whole...
almost whole?

Caressing by the fire,
Susan, you, me,
with the words of
this latest,
and hopefully lasting,
breakthrough,
acceptance,
and, yes,
celebration...
of my mended self.

Por muchas curvas a la luz del fuego

Una noche de invierno
al lado del Río Schroon,
saliendo del Camino al Norte,
manejaba por un tramo singular
de caminos con muchas curvas...

En realidad tres o cuatro caminos,
con su propia historia,
la nuestra.
Yo, con Susan ahora,
rumbo a mi casa
desde Montreal,
amado y amando,
en mi ostentoso nuevo coche usado,
cada vuelta curvilínea
absolutamente clara
en mi cabeza.

Acariciaba la primera o la segunda
de aquellas curvas serpentinas,
cuando, a la izquierda,
en los faros,
un destello blanco de sol
me sobresaltó.

Enmarcó tu cabello naranja de fuego y
tu cuerpo encorvado,
pedaleando duro
echándose hacia la curva
... uno de nuestros paseos en bicicleta.

En silencio nos reconocí
al pasar volando en coche,
Susan perdida, pensando, a mi derecha.

Las curvas siguientes
me trajeron un recuerdo más vivo,
tu ambulancia que se arrastraba
las agudas curvas abrasadas
en sol después de
mi entrega de ti
a los paramédicos de urgencias,
tu suspiro entrecortado de
"Ya, deja que me lleven".

Así que seguí,
preguntándome "¿Por qué por este camino?"
seguro de que iban dando un rodeo,
en vez de la ruta más rápida y directa por el pueblo,
sintiéndome impotente.

Consciente de esa separación
abrupta y fría
que aceptamos,
por el momento.

Al doblar el vehículo de la Ruta 8
a la Calle Atateka,
casi tocando los dedos de Susan
con la mano derecha,
temblé por dentro al recordar
cada minuto de aquella hora

que se arrastraba,
casi eterna,
felices de estar reunidos en
la sala de urgencias...

Entonces, en un destello del recuerdo,
viví tus
últimos tres días,
como si fuera tú.

Cada momento:
tu camaradería con las enfermeras;
tu falta de confianza en el Rey Doctor;
nuestra conspiración de una estrategia;
tu inquietud por mí,
tu alegría de ver a Jacob,
Ruth y Richie
recién llegados de Viena,
y tu capacidad de reaccionar en su visita.

Tu increíble regalo
de amor,
y tu preocupación callada,
durante horas eternas e insoportables
de no saber la causa
de tu falta de aliento,
el dolor creciente de tu cuerpo
aliviado solamente por los masajes de medianoche
del paramédico...

Tenía que tener cuidado,
te dijo él,
porque los códigos contra el acoso sexual
estaban muy de moda...

"¡A la mierda con eso!"
le dijiste,
"¡Frote!"

Sobre todo, recordé
como asentiste con la cabeza
a mis ruegos de "¡Aguanta!" y luego
te quedaste profundamente dormida...

Como si todo fuera como debía,
yo a tu lado,
tu hijo no más lejos que una llamada telefónica,
tu hija, que te había abandonado tantos años,
sin maniobras de última hora,
tus guiones de televisión y novelas
bien adelantados...

Cuando todo estaba mal,
por supuesto,
terriblemente mal,
no importa como estuviera definido...
¿destinado?

Así que al despertarte
sin poder respirar
por mucho que le subimos

al tanque de oxígeno
y duraste solamente 44 minutos
y en un instante de ojos en blanco
pasaste de viva a muerta,
la luz que quemaba adentro fue
permanente,
inextinguible,
en llamas para siempre.

Tú te apagaste.

*

Meses después,
me levanté –
aunque periódicamente
descendí de nuevo –
del abismo de mi dolor desgarrado.

*

Así fue que,
al volver a mi casa
aquella noche de invierno,
por caminos con muchas curvas,
abracé
una nueva vida,
fuerte,
sereno,
entero...
¿casi entero?

Acariciándonos a la luz del fuego,
Susan, tú, yo,
con estas palabras del
último gran avance
– de esperar, perdurable –,
aceptación,
y, sí,
celebración...
de mi yo curado.

Liquid glazes our love

Liquid glazes our love,
lending it a gossamer sparkle,
like sun rays on old satin.

I see in your eyes
the wet joy of defiance,
letting no death kill.

And I marvel
the mirror
you gift me.

Líquido glasea nuestro amor

Líquido glasea nuestro amor,
brindándole un destello vaporoso
como rayos de sol sobre viejo satín.

Veo en tus ojos
la alegría húmeda del desafío
que no deja a ninguna muerte matar.

Y me maravillo
del espejo
que me obsequias.

"The Four Corners" of King/Father/Self

Growing up we
knew a place,
a mere yet long
mile away,
filled with excitement.

There two roads
crossed,
a red/yellow/green
light flicking
alternate colors
over congested
traffic flow.
We called
this place
"The Four Corners."

Growing up
in the first small suburb
outside the city,
this was what
others might call
"Downtown."

It held a
peculiar
attraction,
repulsion,
for me.

Come into this
room of four corners,
Father, and
dwell with me now.

In the shadowed
corner, place
your axe/belt
next to my scream.
Our stings,
Father, will
have that honored
place.

Now carry
your smile
to the opposite
corner, where
the sun of my
soul receives and
gives back
the crown of
your regal light.

Two corners more
now to fill,
oh, Father,
neither bright
nor dark,
dawn nor dusk.

"This hurts me
more than you,"
you always said--
so now carry that
to the corner
where I have lit
a candle
to honor
the shame,
Father.

Bless that candle,
Father/King/Self,
and let it burn
without fear.
Let the flame
scorch your
pain and mine.

To my mother,
you privately said,
that I would
probably turn out
the best--
so now carry that
to the last corner,
oh, Father,
the one with the
circular yet
corniced
window above...

Where no candle
need burn,
no pain
need be flamed,
no homage paid,
no smile crowned

to honor
the whole
King/Father/Self.

"Las Cuatro Esquinas" del Rey/Padre/Yo

De niños
conocimos un lugar,
a una mera pero larga
milla de casa,
emocionante.

Ahí se cruzaban
dos caminos.
Rojo/amarillo/verde,
un semáforo parpadeaba
colores alternos
sobre el flujo congestionado
del tráfico.
Llamamos
este lugar
"Las Cuatro Esquinas".

La gente urbana lo llamaría
"el centro",
pero nosotros crecimos
en las afueras de la ciudad.

Mantenía una
extraña
atracción,
repulsión,
para mí.

Entre en esta
habitación de cuatro esquinas,
Padre, y
quédese conmigo ahora.

En la esquina
en sombras, ponga
su hacha/cinturón
al lado de mi alarido.
Nuestros aguijones,
Padre, tendrán
ese lugar
honrado.

Ahora lleve
su sonrisa
a la esquina
opuesta,
donde el sol de mi
alma recibe y
devuelve
la corona de
su luz majestuosa.

Dos esquinas más
quedan por llenar,
ah, Padre,
ni brillantes
ni oscuras,
ni amanecer ni anochecer.

"Esto me duele a mí
más que a ti",
siempre decía –
pues ahora lleve eso
a la esquina
donde he encendido
una vela
para honrar
la vergüenza,
Padre.

Bendiga esa vela,
Padre/Rey/Yo,
y déjela quemarse
sin miedo.
Que la llama
chamusque su
dolor y el mío.

A mi madre
le dijo en privado,
que probablemente
yo sería

el mejor –
así que ahora lleve eso
a la última esquina,
ah, Padre,
aquella bajo la ventana
circular y de cornisa.

Donde no hay vela
que encender,
ni dolor
que quemar,
ni homenaje que rendir,
ni sonrisa que coronar

para honrar
a todo el
Rey/Padre/Yo.

Forty years of wonder

(for Eric on his 40th birthday, from Dad)

Forty years of joy
you have given me, us.

Your energy radiates
as startling as the lightning
crackling over a lake's whitecaps
through smoking clouds
of thunder.

Your innocence is
a rage of beauty,
your confusion
a passing shower
sure to return.

Like summer hail stones,
your rare darts of anger
melt into my heart.

Your love, like your vision,
is as a long wave
arching to the shore,
washing me, us,
happier, giddier, wiser.

I love you back, Eric,
and wish you
long life of
endless wonder.

May your next forty
reflect and deepen
the radiance of your
confounding magical gift
to me and so many others.

Cuarenta años de asombro

(para el 40 aniversario de Eric, de papá)

Cuarenta años de alegría
me has dado, nos has dado.

Tu energía irradia
asombrosa como un relámpago
que chispea por nubes humeantes de truenos
sobre las olas espumosas de un lago.

Tu inocencia es
una furia de belleza,
tu confusión
una lluvia que pasa
segura de volver.

Como granizos del verano,
tus dardos raros de ira
se derriten en mi corazón.

Tu amor, como tu visión,
es como una larga ola
que arqueada se orilla y
me lava, nos lava,
más feliz, aturdido y sabio.

Te devuelvo el amor, Eric,
y te deseo
larga vida de
asombro sin fin.

¡Ojalá que tus próximos cuarenta
reflejen y aumenten
el resplandor del
regalo desconcertante y mágico
que nos brindas.

¿Reencuentro?

Cuéntame de eso,
del reencuentro.

¿Es más que
reencontrarnos?

¿Es un reencuentro
con muchas?

¿Hay muchos reencuentros
en un reencuentro?

¿Reencontramos
a nuestros "Yo"s?

¿O volvemos a encontrarse
con el misterio?

Meeting again?

Tell me about it,
meeting again.

Is it more than
meeting each other again?

Is it a reencounter
with many?

Are there many reencounters
in one meeting again?

Do we meet again
With our "me"s?

Or do we meet, once more,
With the mystery?

II

Poetry As Nature, Or... ?

¿Poesía Como La Naturaleza, O...?

Blue heron

Blue heron
perched in sun
at lake's outlet.
Autumn coming.

Garza azul

Garza azul
de pie al sol
en la boca del lago.
Llega el otoño.

You flew by

While looking out at the lake,
sitting with Susan on the porch swing
that I gave you for your birthday,
so long ago...

You flew by,
all radiant orange,
your favorite color,
with black markings,
wings flapping against the wind.

Monarch of all you surveyed,
not a care in the world,
happy for me...

On the way to the Gulf of Mexico?
I wondered, remembering
your story of the millions of
Monarch butterflies you saw there.

Or just heading for the late summer flowers
out back by the dying asparagus beds?

Or just checking me out?

Pasaste volando

Mientras miraba yo el lago,
sentado junto a Susan en el columpio del porche
que te regalé por tu cumpleaños,
hace tanto tiempo...

Pasaste volando,
naranja radiante,
tu color favorito,
con manchas negras,
batiendo las alas contra el viento.

Monarca de todo lo que contempló,
sin ninguna preocupación,
feliz por mí...

¿Rumbo al golfo de México?
me pregunté, recordando
tu historia de los millones de
mariposas monarcas que habías visto allá.

¿O sólo en camino a las flores tardías del verano
detrás de los arriates de espárragos moribundos?

¿O sólo yendo a ver qué tal estoy?

Lost loves

These days of late,
all December drizzle,
bring a damp chill,
sighing of snow.

This morning,
my sweetheart,
ever so gently,
removed a ladybug from the sink.

She cupped it in her
translucent long fingers,
and spoke to it.

"Come here, Henri,"
she said,
and glided with it
to the plant room.

At first I did not understand.
Later, she told me of her
morning dream of a bird.

Its wingspread was thirty feet per.
She tucked herself into its shoulder,
soft brown leather, snug.

Me? I wondered.

The bird,
a "passenger pigeon,"
carried her,
swooping over
the North Country.

I dared not tell Susan of
my less enchanting dream—
of how a child,
innocently at play,
had deconstructed
my laptop computer.

Yesterday, my leg
crashed through
the cottage's rotten floor.

Afterwards,
walking in December's misty shower,
I passed a secret wet spot
on the ground.

Its foliage had rotted,
covering the spot,
like a soft blanket.

I whispered to Hedda:
"All things pass."

Susan recounted the story
of the ladybug following Henri,
and of love's magic in Germany.

And the white butterfly
in Greece.

"Where did you take it?"
I asked.

"Oh, I put it on a plant,"
she answered.

I mused.

"Symbols are important,"
she said for me.

Amores perdidos

Estos últimos días,
todos llovizna de diciembre,
traen un frío húmedo,
suspiran de nieve.

Esta mañana,
mi amada,
con tanto cuidado
quitó del fregadero una mariquita.

La sostuvo entre sus
dedos traslúcidos,
y le habló.

"Vente acá, Henri",
y se fue flotando
al cuarto de plantas.

Al principio no comprendí.
Luego, ella me contó de su
sueño por la mañanita de un pájaro.

Tenía una envergadura de treinta pies por ala.
Ella se arropó dentro de su hombro,
cuero marrón suave, cómoda.

¿Yo? me pregunté.

El pájaro,
una "paloma pasajera",
la llevó,
flotando en el aire
sobre el paisaje norteño.

No me atreví a contarle de
mi sueño menos encantador –
de cómo un niño
que jugaba, inocente,
había desmantelado
mi computadora portátil.

Ayer el piso podrido de la cabaña
cedió bajo mi pie.

Después,
al caminar en la llovizna neblinosa de diciembre,
pasé por un secreto lugar mojado
en la tierra.

Su follaje se había podrido,
cubriendo el sitio,
como si fuera una manta suave.

Le susurré a Hedda:
"Todo pasa".

Susan me narró la historia
de la mariquita que persiguió a Henri
y de la magia del amor en Alemania.

Y la mariposa blanca
en Grecia.

"¿A dónde la llevaste?"
le pregunté.

"O, la puse en una planta",
respondió.

Yo reflexioné.

"Los símbolos son importantes",
ella dijo por mí.

Learn from birches

Driving to and from Montreal,
I see a lot of birch trees.

After an ice storm,
they bend and kiss the ground:
white on white.

In early spring
they are most visible,
as if risen before
others have thawed.

At mid-summer,
they are less visible,
their gleaming souls
hidden by green finery.

In autumn, they
are truly humbled
by brighter oranges and reds.

Perhaps that is true
of us too and we can
learn from birches.

Aprende de los abedules

Manejando hasta Montreal y de regreso,
veo muchos abedules.

Luego de una tormenta de hielo,
se inclinan y besan la tierra:
blanco sobre blanco.

A principios de la primavera
son más visibles,
como si se alzaran antes
de que otros se hayan deshelado.

A mediado del verano,
están menos visibles,
sus almas relucientes
ocultas en gasa verde.

En otoño, se hacen
verdaderamente humildes
frente a los brillantes naranjas y rojos.

Tal vez es el caso
de nosotros también y podemos
aprender de los abedules.

Tomato walk

(poem for red-headed granddaughter Larissa)

They reach out like fingers,
vines with first pink rings,
feeling the damp earth,
glistening back night's raindrops
in morning's misted light.

Now that tomato-loving Larissa is gone,
which finger will
reach up and
grasp mine
in wonderment?

Paseo en el tomatal

(poema para la nieta pelirroja Larissa)

Se extienden como dedos,
vides con primeros anillos rosados,
tocan la tierra húmeda,
refulgen con gotas de lluvia nocturnas
en la neblina de la luz matutina.

Ahora que se ha ido la enamorada de los tomates
Larissa,
¿qué dedo
alcanzará hasta el mío
para agarrarlo,
maravillado?

Autumn train ride

Through the mottled train window
new life springs from old,
as the autumn sun's casted rubies
explode the river's speckled leaves.

Viaje en tren del otoño

Afuera de la moteada ventana del tren
cuando los rubís lanzados por el sol otoñal
estallan las pintadas hojas del río,
nueva vida brota de la vieja.

El círculo que nunca entiende fin

Nadando sobre el lago soy pluma volante
llevada por el cielo-viento de los Andes

Navegando en el mar soy canoa
espumada por el sonido de tu flauta

En el tren somos el antiguo ritmo humano
redescubriendo todos los colores

En nuestros brazos somos la leña de un fuego que
nunca se apaga
como aquella vela celebrada por la canción cubana

Regocijándonos del arco iris humedecido del círculo de
nuestro encuentro
apenas esbozado por el viento, canoa, tren, vela, amor
que nunca entiende fin.

The circle that never understands end

Swimming over the lake I am a flying feather
carried by the Andes' sky-wind

Navigating the sea I am a canoe
frothed by the sound of your flute

On the train we are the ancient human rhythm
rediscovering all the colors

In our arms we are the wood of a fire that never goes out
like that celebrated candle of the Cuban song

Delighting in the moistened rainbow of the circle of our meeting
scarcely wafted by wind, canoe, train, candle, love that never
understands end.

I find my eyes looking...

At least once each day during this
    shocked anticipation
        I find my eyes looking...

Far off into
    a moist cool
        mesmerizing space

Of white-blue sky,
    widely scattered images,
        frozen, hot, and etched

So sad, joyous, explosive
    and frighteningly unexplained

Of loved ones gone
    single flowers
        cups of tea
            wetting feet on beach

Of autumn leaves
    squadrons of geese
        rain clearing blue without end

Of huge dazzling red ball
    pushed by a naked child
        over mossy twilit lawn

Your long finger
    on my shoulder,
        and more.

Endless, this shining space
    far apart, these crystal clarities

By no means a beautiful patchwork,
    each one too starkly etched for that…

Descubro a mis ojos mirando...

[translated by Wency Rosales]

Descubro a mis ojos mirando
    al menos una vez al día
        durante esta espera paralizada...

Lejos en
    un espacio hipnotizador
        frío y húmedo

Del cielo blanquiazul
    imágenes ampliamente desperdigadas
        heladas, calientes y grabadas

Tan tristes, alegres, explosivas
    y terriblemente inexplicables

De los amados que se han ido
    flores solitarias
        tazas de té
            pies mojados en la playa

De hojas otoñales
    escuadrones de gansos
        y la lluvia aclarando azul sin fin

De una gran pelota roja brillante
    empujada por una pequeña niña desnuda
        sobre el pasto musgoso del atardecer

Tu largo dedo
    sobre mi hombro,
        y más.

Sin final, este espacio reluciente
        muy lejanas y separadas, estas claridades de cristal

Que no es un edredón maravilloso,
        cada una muy grabada para ser sólo eso...

Morning scene, leaves of life

Each morning when I get up I have my coffee in the rocking chair by one side of my office window. In her nook opposite me sits Susan drinking her coffee. We are one flight up from the small patio and shrub patches that separate our outer balcony from those of the neighbors across the way. Often we have our "morning talks" while sitting here, conversations about the personal or about some problem that we, or one of us, may be confronting.

Both before and after my melanoma cancer news of these recent weeks, I began noticing every detail of the leaves of the elm tree that spreads its arms across my window. I found myself delighting in the shimmering levels and nuances of sunlight that outlined the veins of the thin triangular leaves and their subtly changing colors. I noticed the brilliance of each single vein, a kind of black line turning orange and golden against the green of one leaf or the occasional yellow of another. My eyes often not only entered the leaf to dance with it in the gentling breezes that have been blowing this fall, to become one with it, with the vein, but went through the leaf's vein to the other side, seeing the red-green spots of the edges of a leaf-concealed canoe hanging across the way from a backyard neighbor's apartment balcony and, in the distance, the Dutch-like frontices of the third floors of buildings across the neighbors' street.

This looking, dancing, seeing, has been a daily morning joy for me, one of exquisite beauty, however simple and commonplace. With the cancer scare, plans for surgery, phone calls, research, and so on, and the surgery itself, and now its aftermath, the scene has become even more moving, and certainly far more important. During the pre-surgery week, I wrote a poem. I called it "I find my eyes looking…" It was on another dimension of beauty and of looking, one more intimate and yet more universal. Now I realize that the two ways of seeing are related.

The poem ended like this:

"Endless, this shining space
           far apart, these crystal clarities

By no means a beautiful patchwork,
           each one too starkly etched for that…

As I wait exploringly
           for sentinel node surgery
                       at Montreal's Jewish General Hospital."

Escena mañanera, frondas de la vida

Cada mañana me levanto y me tomo mi café en la mecedora, a un lado de la ventana de mi oficina. En su rincón, frente a mí, se sienta Susan tomándose su café. Vivimos en un apartamento a un tramo de escaleras arriba del pequeño patio y de las parcelas de arbustos que separan nuestro balcón de los apartamentos de los vecinos de atrás. A menudo tenemos nuestras "pláticas matinales" mientras nos sentamos aquí, conversaciones acerca de lo personal o de algún problema que tengamos o que uno de nosotros pueda tener. Antes y después de la noticia de mi melanoma cancerígeno de las últimas semanas, comencé a notar cada detalle de las hojas del olmo que extiende sus ramas a través de mi ventana. Me encontré disfrutando de los niveles reverberantes y de los matices de luz solar que delineaban las venas de cada fina hoja triangular y el cambio sutil de sus colores. Noté el brillo de cada hoja, cierta línea negra que se torna naranja y oro contra el verde de una hoja o el amarillo ocasional de otra. A menudo mis ojos no solamente penetraban la hoja para danzar con ella en la brisa suave que ha estado soplando este otoño, para fusionarme con ella, sino que atravesaban la vena de la hoja para ver, al otro lado, las manchas rojiverdes de los bordes de una canoa oculta por las hojas frente al patio trasero, colgada del balcón de un vecino y, en la distancia, los portales del tercer piso de los edificios al otro lado de la calle de los vecinos.

Este mirar, danzar y ver ha sido un júbilo mañanero cada día para mí, alegría de exquisita belleza, no importa cuán simple y común sea. Con el susto del cáncer, los planes de la operación, las llamadas telefónicas, los análisis y todo lo demás, y la cirugía misma, y ahora sus repercusiones, la escena se ha tornado aún más conmovedora, y ciertamente mucho más importante. Durante las semanas que precedieron la operación, escribí un poema. Lo llamé "Descubro a mis ojos mirando...", y fue en otra dimensión de belleza y de ver, una más íntima y universal. Pero ahora comprendo que las dos formas de ver están relacionadas.

El poema terminaba:

"Sin final, este espacio reluciente
      muy lejanas y separadas, estas claridades de cristal

Que no es un edredón maravilloso,
      cada una muy grabada para ser sólo eso...

Mientras espero explorando
      por cirugía de un nódulo
         en el Hospital General Judío de Montreal".

For song by Pepe González

Waves effervescing on sand,
whoosh of wings.

Shadowy pelicans splitting ruby sun,
diving into the indigo sea.

Vanishing a second,
then surfacing.

Sleek throats gulp,
bobbing without moving.

Storm clouds engulf the sun,
mauve, silver, and pink shafts poking through.

Flecks of fire spot the horizon,
two pelicans gliding low over waves,
trailed above by four white seagulls...

Fleeting
magical
harmony.

Para canción por Pepe González

Las olas burbujean en la arena,
silbido de alas,

Pelícanos rajan un sol de rubí, y
se zambullen en un mar añil.

Se desvanecen por un segundo,
y ya emergen.

Gargantas lustrosas tragan,
meciéndose sin moverse.

Nubes de tormenta cubren el sol,
apuntan columnas malva, plata, y rosa.

Manchas de fuego motean el horizonte,
dos pelícanos planean sobre las olas,
seguidos desde lo alto por cuatro gaviotas blancas,

Armonía
fugaz
mágica.

Joy, for Susan

My bed
a pinecone on shaded grass,
you by my side.

Alegría, para Susan

Mi cama
una piña en el pasto resguardado del sol,
tú a mi lado.

III

Poetry As Politics, Or... ?
¿Poesía Como La Política, O...?

Let's dance! Jane Carolina Canning,
presente...

(in memoriam, Jane Carolina Canning)

Let's dance, Jane Carolina Canning,
I've got Buena Vista Social Club,
Getz, Santana, Ferrer, Evora,
five awesome CDs,
presente ...

Let's talk, Jane,
about the deep things,
of Doyle, of Derek, of Eric, of Susan,
of loves, present and past,
presente ...

The Adirondack chairs are on the porch, Jane,
facing north and Friends Lake,
the martinis and bug candle are ready,
presente ...

Let's defend human rights, Jane,
against Shah-like tyrant puppets,
and Latin America's Somoza-Pinocchios,
and the true monsters,
IMF, World Bank, WTO,
presente ...

Let's open our homes, Jane,
to all the young and fleeing,
so that they may have a safe haven,
to gather their strength,
presente ...

Let's work, Jane,
the life veins to be tapped,
the books to be written,
the dances to unfurl,
the loves to fulfill,
presente ...

Let's be quiet now, Jane Carolina Canning,
our brains and souls
firing to each other
like mad meteors in a night sky,
presente ...

Peace, love, strength, courage,
Jane Carolina Canning,
presente ...

¡Bailemos! Jane Carolina Canning, *presente...*

(homenaje a Jane Carolina Canning)

Bailemos, Jane Carolina Canning,
tengo Buena Vista Social Club,
Getz, Santana, Ferrer, Evora,
cinco CDs formidables,
presente ...

Platiquemos, Jane,
de cosas profundas
de Doyle, de Derek, de Eric, de Susan,
de amores, presentes y pasados,
presente ...

Los sillones Adirondak están en el porche, Jane,
con vista al norte y al Lago de Amigos,
los martinis y la vela para insectos están listos,
presente ...

Defendamos los derechos humanos, Jane,
contra títeres tiranos del estilo-cha,
y los Somoza-Pinochos de América Latina,
y los verdaderos monstruos,
FMI, Banco Mundial, OMC,
presente ...

Abramos nuestras casas, Jane,
a todos los jóvenes y fugitivos,
para darles asilo en un remanso de paz y tranquilidad,
para recobrar su fortaleza,
presente ...

Trabajemos, Jane,
para sacar provecho de las venas de la vida,
escribir los libros,
desplegar las danzas,
cumplir los amores,
presente ...

Tranquilicémonos ahora, Jane Carolina Canning,
nuestros cerebros y almas
enardecidos
como meteoritos locos en un firmamento de noche,
presente ...

Paz, amor, fuerza, valor,
Jane Carolina Canning,
presente ...

The Andes

Beneath the plane
from Cochabamba to Caracas,
spread the purple peaks of the Andes,
bursting their white blankets.

Above the flat horizon's
layered rainbowed clouds,
arise far, far away,
snowy temples, monuments.

That rarefied feeling of grandeur,
home to the condor, Pacha Mama
and so much more.

Made tangible below plane's window
in rock-boned slopes,
graveled ravines, parched riverbeds:
eternal struggle for life, justice.

A depth of
suffering,
joy,
serenity.

Los Andes

[traducido por el autor, con la ayuda de Suni Paz]

Debajo del avión,
de Cochabamba a Caracas,
se despliegan las cimas moradas de los Andes,
reventando sus cobijas blancas.

Del horizonte plano bajan
los mantos de nubes irisadas,
y en la lejanísima distancia surgen
templos, monumentos nevados.

Aquella sensación enrarecida
de grandiosidad,
hogar del cóndor, Pacha Mama
y tanto más...

Hecha tangible bajo la ventana del avión
en cuestas rocosas, quebradas de grava,
lechos de ríos resecos:
lucha eterna por la vida, la justicia.

Una profundidad
de sufrimiento,
alegría,
serenidad.

Les Andes

[traduit par Jean-Pierre Pelletier]

Au-dessous de l'avion
de Cochabamba à Caracas,
s'étendent les cimes violacées des Andes
qui transpercent leur manteau blanc.

Au-dessus des nuages,
horizon plat traversé d'arc-en-ciel,
s'élèvent au loin, très loin de là
des temples, des monuments enneigés.

Cette sensation raréfiée d'immensité,
demeure du condor, Pacha Mama
et beaucoup plus encore.

Rendue tangible vue du hublot
par des pentes à l'ossature de pierre,
des ravins de gravier, des lits de rivières desséchés :
la lutte éternelle pour la vie, la justice.

Une profondeur de
souffrance,
de joie,
de sérénité.

Sin cultura no hay libertad posible

(homenaje por el 80 aniversario de Fidel)

I

"Sin cultura no hay libertad posible",
ha dicho Fidel,
o sea "Ser cultos es el único modo de ser libres".
Así lo dijo Martí, y lo vivió, lo practicó.

Así lo cultiva Fidel, y lo vive, lo practica.

Me acuerdo cuando vi las páginas escritas
de la mano de Fidel en sus cuadernitos y cartas
de la Sierra Maestra,
en algún museo del Oriente,
en el año de la gran zafra de 1969,
y mi mente se abrió a toda la historia de la
Revolución Cubana y su líder actual.

"La Historia me Absolverá",
un alegato de un joven patriota,
pronunciado de memoria,
lleno de ideas martianas,
de creencia en lo que después
él llamaría "el capital humano"
y "la cultura general – integral".

El pensamiento de Martí, en el sentido cultural, espiritual
y político,
formó no sólo a Fidel sino a la gran mayoría
de las y los Cubanos,
y hasta un punto sorprendente me formó a mí,
un intelectual activista de Estados Unidos.

Me formó no sólo en mis lecturas de varias obras de Martí
sino en los discursos de Fidel que he leído
en los últimos cuarenta y siete años y,
sobre todo, en mi apreciación de la praxis de ambos,
verdaderos Maestros y Apóstoles.

II

De ahí, de las vidas de dos grandes pensadores
y revolucionarios,
y diría yo de muchos cubanos y otros pueblos
levantándose contra la opresión a través de los siglos,
vienen la rearticulación del pensamiento de izquierda,
y lo original y lo universal de la vida y la práctica de Fidel,
integradas como las de Martí en las luchas, sueños, pesadillas,
y creaciones de la patria y del ser humano,
como la práctica de tantos otros cubanos,
tales como los Cinco Héroes de la Humanidad y sus familiares.

Sí, "Patria es Humanidad".

La rearticulación aparece en el amor y el respeto a sí mismo
y al otro,
en la solidaridad humana,
en la moralidad de la Revolución Cubana,
en las "trincheras de ideas",
o sea la "Batalla de Ideas",
incluso el reconocimiento
de la necesidad del concepto "utopía"
y el desafío al pensamiento único.

Aparece en los experimentos sociales durante una revolución
en el poder,
o sean tentativos que se extienden después de tener éxito local,
de los cuales algunos como "Yo, sí puedo"
ya han merecido un reconocimiento mundial.

Sí, "Patria es Humanidad".

III

La rearticulación del pensamiento de izquierda es una forma
de memoria,
es una forma de actuar, de dar, de amar, de luchar,
en una palabra, es praxis.

Y una cosa de la memoria es el pensamiento marxista,
en sus diversas articulaciones y conflictos, fueran las que fueran.

Por eso es tan fácil para otro gran pensador y revolucionario
contemporáneo,
Hugo Chávez, en quien tanto influyó Fidel,
no sólo Bolívar y Martí,
citar a Trotski y darle la razón contra Stalin, cuando insiste
que una revolución no puede sobrevivir en un sólo país
y que la praxis del internacionalismo es el único camino
hacia la liberación humana y la preservación del cosmos.

Es el camino que nos han mostrado generaciones de cubanos,
desde su participación en la defensa de la República Española
hasta sus gloriosas victorias en el sur del continente africano,
o sus misiones de ayuda humanitaria en Pakistán e Indonesia,
es decir en todas partes del mundo.

¿Y quién es su líder, su guía de tantos años?
El gran pensador y estratega Fidel,
alumno de Martí pero original en todo lo que ha hecho.

Sí, "Patria es Humanidad".

IV

Hay otras partes de la rearticulación del pensamiento de izquierda
que se reflejan en la praxis de Fidel:
la honestidad y la humildad,
la capacidad de admitir errores,
asumir la responsabilidad de decisiones equivocadas,
y abrirse a otras sugerencias.

Y la maravilla de todo esto es que él lo hace con una
dignidad constante,
en la valiente confrontación directa al imperialismo más cruel
de la historia,
un David contra un Goliat, derrotando un país grande en
poder militar,
pero débil cultural y espiritualmente,
siempre respetando la creatividad y dignidad de los pueblos
del norte.

Implícito en tal praxis de Fidel,
de un utopismo realista, de un experimentalismo,
de una alta moralidad e internacionalismo,
de una humildad honesta,
de la dignidad pues,
son el pluralismo y el reconocimiento que cada pueblo
tiene que hacer su propia revolución
según su cultura, historia, y situación concreta.

O sea que no hay fórmulas o modelos absolutos,
que la praxis de la revolución es un proceso de aprendizaje
sobre la marcha, pero que sí,
"Sin cultura no hay libertad posible".

Y por eso también la rearticulación del pensamiento
de izquierda
está resumida en el concepto "Batalla de ideas",
incluso la lucha por la paz, la justicia social,
y la igualdad de género y etnia,
y la necesidad de pensar y crear un nuevo socialismo
para el siglo veintiuno,

porque sin ideas no hay revolución,
o como ha dicho nuestro viejo compañero,
refiriendo a "la razón del corazón" y el poder de un ideal,
"son esos ideales los que logran prender la llama de los pueblos,
la rebeldía de los pueblos".

En esta celebración de 80 años de vida de aquel compañero,
quien como su pueblo, ha caminado con la muerte desde joven
y ha luchado por la vida "con todos y para el bien de todos",
con una alegría calurosa de la cultura martiana y humana,
poco reconocida por gente de países o culturas más frías,
con un amor y una fe en lo bueno de la humanidad,
con la sabiduría de la experiencia y la necesidad
de hacer revolución,
crear, luchar, escuchar, buscar alternativas,
todos nosotros debemos sentirnos sumamente
preocupados por su salud
y muy confidentes en su ejemplo.

¡Larga vida a Fidel!
¡Larga vida al planeta!
¡Humanidad o Muerte, Venceremos!

Without culture freedom is impossible

(homage for 80th birthday of Fidel)

I

"Without culture freedom is impossible,"
Fidel has said,
That is, "To be educated is the only way to be free."
Thus spoke Martí, and he lived it, he practiced it.

Thus Fidel cultivates it, and lives it, practices it.

I remember when I saw Fidel's handwriting in
the pages of his notebooks and letters
from the Sierra Maestra,
in some museum in Oriente,
in 1969, the year of the Ten Million Ton Harvest,
and my mind opened to the entire history of
the Cuban Revolution and its current leader.

"History Will Absolve Me,"
a speech by a young patriot,
given from memory,
full of Martí's ideas,
of belief in what later
he would call "human capital"
and "the general culture – all-embracing."

The thinking of Martí, in the cultural, spiritual,
and political sense,
shaped not only Fidel but the great majority
of Cubans,
and to a surprising extent it shaped me,
an activist intellectual of the United States.

It shaped me not only in my readings of various works of Martí
but also in Fidel's speeches that I have been reading
these last forty-seven years and,
above all, in my appreciation of the praxis of both,
true Teachers and Apostles.

II

From there, in the lives of two great thinkers and
revolutionaries,
and I would say of many Cubans and other peoples
rising up against oppression across the centuries,
come the re-articulation of the thought of the left,
and the original and universal aspects of Fidel's life and praxis,
incorporated like those of Martí into the struggles,
dreams, nightmares,
and creations of the homeland and the human being,
like the practice of so many other Cubans,
people like the Five Heroes of Humanity and their relatives.

Yes, "Homeland is Humanity."

The re-articulation appears in the love and respect for self
and the other,
in human solidarity,
in the ethics of the Cuban Revolution,
in "the trenches of ideas,"
that is, "the Battle of Ideas,"
including the recognition
of the need for the concept of "utopia"
and the challenge to only one way of thinking.

It appears in the social experiments during a revolution
in power,
tentative at first and then extended after achieving success
at the local level,
of which a few like "Yes, I Can"
have already earned world recognition.

Yes, "Homeland is Humanity."

III

The re-articulation of the thought of the left is a way of memory,
of acting, of giving, of loving, of struggling,
in a word, praxis.

And part of memory is Marxist thought,
in its various expressions and conflicts,
whatever they might be.

That is why it is so easy for another great contemporary thinker
and revolutionary,
Hugo Chávez, quite influenced by Fidel
and not just Bolívar and Martí,
to cite Trotsky and credit him for being correct against Stalin,
when he insisted
a revolution cannot survive in one country alone
and that an international praxis is the only road
toward human liberation and preservation of the cosmos.

It is the road that generations of Cubans have shown us,
from their participation in the defense of the Spanish Republic
to their glorious victories in the south of the African continent,
or their missions of humanitarian aid in Pakistan and Indonesia,
that is to say in all parts of the world.

And who is their leader, their guide for so many years?
The great thinker and strategist Fidel,
student of Martí but original in all he has done.

Yes, "Homeland is Humanity."

IV

There are other parts of the re-articulation of the thought
of the left
reflected in the praxis of Fidel:
honesty and humility,
the ability to admit errors,
to assume responsibility for mistaken decisions,
and to open oneself to other suggestions.

The wonder of all this is that he does it with a constant dignity,
in a brave and direct confrontation
with the most cruel imperialism in history,
a David against Goliath, defeating a country big in military power,
but culturally and spiritually weak,
always respecting the creativity and dignity of the peoples
to the north.

Implicit in such a praxis by Fidel,
of a realistic utopianism, of an experimentalism,
of a high morality and internationalism, of an honest humility,
of dignity then,
are pluralism and recognition that each people
has to make its own revolution
according to its own culture, history, and concrete situation.

In other words, there are no formulas or absolute models,
the praxis of revolution is a learning process
as it unfolds, but yes,
"Without culture freedom is impossible."

And that's why the re-articulation of the thought of the left
is summed up in the concept "Battle of ideas,"
including the fight for peace, social justice,
and gender and ethnic equality,
and the necessity of thinking and creating
a new socialism for the twenty-first century,
because without ideas there is no revolution,
or as our old comrade has said,
referring to "the reason of the heart"
 and the power of an ideal,
"it is those ideals that light the peoples' flames,
the rebelliousness of the masses."

In this celebration of 80 years of life of that comrade,
who, like his people, has walked with death since a tender age
and has fought for life "with all and for the good of all,"
with warm joy from the culture of Martí and humanity,
little known by people of colder countries or cultures,
with love and faith in the good of human beings,
with wisdom from the experience and need to make revolution,
create, fight, listen, look for alternatives,
all of us must feel exceedingly worried for his health
and very confident of his example.

Long life to Fidel!
Long life to the planet!
Humanity or Death, We Will Triumph!

Hace cuarenta años caminaba

(homenaje a Ernesto "Che" Guevara por el 40 aniversario de su asesinato)

I

Hace cuarenta años caminaba
en el campo de Antioch College,
perdido en mis pensamientos…

Cuando me saludó en voz alta un colega desagradable,
un profesor jovial de psicología,
un fanático anticomunista.

"El Che Guevara ha muerto", me anunció con
satisfacción,
y mi corazón se cayó,
mientras mi cabeza se levantó.

Dije: "Verá usted que dentro de muchos años
todo el mundo se acordará del Che
como la figura más importante del siglo veinte".

El tipo me miró un larguísimo momento,
como si estuviera hipnotizado,
y contestó: "¡Carajo! Seguro tienes razón".

II

Luego, leí en el diario del Che en Bolivia
cómo él no entendía por qué
cada vez que su grupo dejaba atrás al enemigo,
éste volvía repentinamente a estar tras él.

Él no sabía que investigadores de la Universidad de
Michigan,
pagados por el Pentágono,
habían descubierto como usar sensores infrarrojos
para detectar el calor del cuerpo humano a gran
distancia.

Así que inconscientemente el Che nos dejó otra lección:
hay cosas que no podemos anticipar,
sin embargo debemos actuar
sabiendo lo que sabemos.

III

Y lo que el Che supo sigue
siendo verdad,
el enemigo de la humanidad
sigue siendo el mismo imperio.

"Dos, tres, muchos Vietnam"
ya existen en otras formas,
desde Iraq hasta Venezuela,
desde Mindanao hasta Bolivia.

El emperador sale para su
patio trasero y descubre la pobreza,
mientras docenas de miles lo ven desnudo
bajo la cubierta de igual número de fuerzas policíacos-militares.

IV

Algunos pocos de la generación del Che
salieron de sus hogares para ir "on the road",
pero solamente un puñado tuvo la valentía y sabiduría
de la juventud rebelde, de dedicarse al deber humano:
hacer la revolución.

No es un misterio la fama del Che,
ni el porqué de su comercialización,
ya que desde el viaje de Nixon a China
y las siguientes ventas de sacos estilo Mao
hemos sabido que el capitalismo consume al comunismo.

Che está presente en todas partes del mundo,
un símbolo de lo mejor del ser humano,
de los sueños, los principios de solidaridad,
el internacionalismo, la honestidad, la generosidad,
el actuar según el mejor análisis alcanzable,
para que se logren la justicia social y la paz mundial.

V

El Che no fue sentimental cuando explicó que
el verdadero revolucionario está motivado por
profundos sentimientos de amor.
Lo sentimental, o mejor dicho lo heroico,
es vivirlo.

No es que seremos como el Che
sino que quisiéramos ser como él.
Por eso también el Che
representa lo mejor de la humanidad.

Hace cuarenta años caminaba...
y fuimos muchos caminando...
y muchos se cayeron,
y todos triunfaron.

Porque seguimos caminando,
juntos con nuestros muertos,
juntos con las nuevas generaciones
en rebelión, todas y todos
unificados en el espíritu del Che.

Forty years ago I was walking

(homage to Ernesto "Che" Guevara on the 40th anniversary of his murder)

I

Forty years ago I was walking
on the campus of Antioch College,
lost in my thoughts...

When a disagreeable colleague greeted me in a high-pitched voice,
a jovial professor of psychology,
a fanatical anti-communist.

"Che Guevara has died," he announced with satisfaction,
and my heart fell,
while my head lifted.

I said: "You will see that many years from now
everyone will remember Che
as the most important figure of the twentieth century."

The guy looked at me for a very long moment,
as if hypnotized,
and answered: "Shit! You're probably right."

II

Later, I read in Che's Bolivian Diary
how he didn't understand why
each time his group left the enemy behind,
it suddenly reappeared behind him.

He didn't know that University of Michigan researchers,
financed by the Pentagon,
had discovered how to use infrared sensors
to detect human body heat from a great distance.

Thus, unconsciously, Che left us another lesson:
there are things we cannot anticipate,
nonetheless we must act
knowing what we know.

III

And what Che knew continues
to be true,
the enemy of humankind
is the same empire.

"Two, three, many Vietnams"
now exist in other forms,
from Iraq to Venezuela,
from Mindanao to Bolivia.

The emperor leaves for his
backyard and discovers poverty,
while dozens of thousands see him naked
under the cloak of an equal number of police-military forces.

IV

A few of Che's generation
left their homes to go "on the road,"
but only a handful had the courage and wisdom
of rebellious youth, to dedicate themselves to the human duty:
make revolution.

Che's fame is no mystery,
nor is the cause of his commercialization,
ever since Nixon's trip to China
and the subsequent sales of Mao-style jackets
we've known that capitalism consumes communism.

Che is present in all parts of the world,
a symbol of the best of humankind,
of the dreams, the principles of solidarity,
internationalism, honesty, generosity,
acting according to the best available analysis,
in order to achieve social justice and world peace.

V

Che was not sentimental when he explained that
the true revolutionary is motivated by
profound feelings of love.
The sentimental, or better said, the heroic,
is to live it.

It's not that we shall be like Che,
but that we would like to be like him.
that is also why Che
represents the best of humanity.

Forty years ago I was walking…
and many of us were walking…
and many fell,
and all triumphed.

Because we continue walking,
Together with our dead,
Together with new generations
In revolt, all
unified in the spirit of Che.

Las y los coquís de la Navidad

Los coquís no cantamos Jingle Bells,
escondidos en árboles cantamos de abismos
donde los ricos nos quieren echar.

Pero con nuestros golpes bellos
y canciones agridulces,
venceremos a los ricos feos.

Somos coquís orgullosos
valerosos
de amor llenos...

Así, sin duda, ¡Venceremos!

The female and male coquís of Christmas

We coquís don't sing Jingle Bells,
hidden in trees we sing about abysses
where the rich want to throw us.

But with our beautiful blows
and bittersweet songs,
we will conquer the ugly rich.

We are proud coquís,
Brave,
Full of love...

So, without a doubt, we'll win!

¿Por qué?

*(a Gerardo Hernández, Ramón Labañino, Fernándo González, René González y Antonio Guerrero) **

¿Por qué?

Negando que son héroes,
mis cinco amigos nuevos
ni me conocen.

Por eso...

Nutriendo la humanidad
como un río global,
su amor me baña.

Por eso...

Resistiendo, encarcelados
por haber luchado contra el terrorismo,
me silencian.

Por eso…

Regalándome esperanza,
su valor humilde
incendia mi alma.

Por eso...

Sus actos patrióticos,
como sus cartas del abismo,
protegen familias de la isla mundo.

Por eso...

Según José Martí,
"Patria es humanidad" y
"El patriotismo no es más que amor".

Por eso, ¡sí!
son héroes de la humanidad.
¡Volverán!

* Los cinco patriotas cubanos a quienes dedico este poema quedan injustamente encarcelados desde 1998 en Estados Unidos bajo condiciones de tortura sicológica. Durante su infiltración en grupos terroristas de Miami responsables de actos que habían causado la muerte a más de tres mil cubanos en los últimos 48 años, los Cinco salvaron muchas vidas no solamente cubanas sino también norteamericanas y europeas. Son personas dedicadas a la lucha contra el terrorismo de Estado cuyo principal patrocinador es el gobierno de Estados Unidos que hoy implementa su "Operación Cóndor" del decenio 1970 al nivel mundial.

Why?

[translation by Katharine Beeman of "¿Por qué?" -- dedicated to Gerardo Hernández, Ramón Labañino, Fernándo González, René González and Antonio Guerrero] *

Why?

Denying they are heroes,
my five new friends
don't know me.

That's why
nourishing humanity
like a global river
their love bathes me.

That's why
by resisting, shut away
for having struggled against terrorism,
they reduce me to silence.

That's why
giving me hope
their humble courage
flames my soul.

That's why
their patriotic acts
like their letters from the abyss
protect families of the world-island.

That's why
according to Jose Martí
"Homeland is humanity" and
"Patriotism is nothing less than love",

Yes, that's why
they are humanity's heroes!
They will return.

* *The five Cuban patriots to whom I dedicate this poem remain unjustly incarcerated in the United States since 1998 under conditions of psychological torture. During their infiltration into terrorist groups in Miami responsible for acts that caused the death of more than 3,000 Cubans in the last 48 years, the Five saved many lives not only of Cubans but also of North Americans and Europeans. They are dedicated to the fight against state terrorism, of which the principal sponsor is the US government that today implements its "Operation Condor" of the 1970s on a world scale.*

Pourquoi?

[la traduction par Jean-Pierre Daubois de "¿Por qué?" -- a Gerardo Hernández, Ramón Labañino, Fernándo González, René González et Antonio Guerrero] **

Pourquoi?

Niant qu'ils soient des héros,
mes cinq nouveaux amis
ne me connaissent pas.

C'est pourquoi
nourissant l'humanité
tel un fleuve global
leur amour me baigne.

C'est pourquoi
en résistant, enfermés
pour avoir lutté contre le terrorisme,
ils me réduisent au silence.

C'est pourquoi
me donnant de l'espérance
leur humble courage
enflamme mon âme.

C'est pourquoi
leurs actes patriotiques
comme leurs lettres de l'abîme
protègent les familles de l'île mondiale.

C'est pourquoi
selon José Marti
"La Patrie c'est humanité" et
"Le patriotisme n'est rien de moins que l'amour",

Oui, c'est pourquoi
ils sont des héros de l'humanité!
Ils reviendront.

Les cinq patriotes Cubains à qui j'ai dédié ce poème demeurent injustement incarcérés aux États-Unis depuis 1998 dans des conditions de torture psychologique. Avec leur infiltration au sein des groupes terroristes de Miami qui sont responsables d'actes ayant causé la mort de plus de 3000 Cubains depuis 48 ans, les Cinq ont sauvé bien des Cubains mais aussi des Américains et des Européens. Ils se sont dédiés à la lutte contre le terrorisme d'État dont le principal protagoniste est le gouvernement américain qui implante aujourd'hui, à l'échelle mondiale, une politique semblable à "l'opération condor" des années 70.

James D. Cockcroft

Please note: this biography appears in three languages – English, Spanish, and a very short French version. ATENCIÓN: Esta biografía aparece en tres idiomas – inglés, español, y una brevísima versión francésa.

A bilingual award-winning author of 40 books and countless articles on Latin America, Latin@s, culture, migration, and human rights, DR. JAMES D. COCKCROFT (Ph.D., Stanford University, 1966, Latin American Studies) is Internet professor for the State University of New York. A three-time Fulbright Scholar and life-long human rights activist, he is best known as a writer, Latin Americanist, teacher, and public speaker. A proud grandfather and passionate swimmer, gardener, and cook, he serves on the Coordinadora Internacional en Defensa de la Humanidad, the International Committee for the Freedom of the Cuban Five, and civil society's Benito Juárez Tribunal (vice-president) that judged U.S. terrorism against Cuba in 2005. A Canadian immigrant, he is a member of the UNESCO-sponsored World Council of the José Martí World Solidarity Project, la Table de Concertation de Solidarité Québec-Cuba, le Comité Fabio Di Celmo pour les 5, and the Canada-Cuba Literary Alliance. His multilingual blog is www.jamescockcroft.com.

His latest books include:

- LATIN AMERICA (Belmont, CA: Wadsworth /International Thomson Publishing, 1998; Spanish ed. AMÉRICA LATINA Y ESTADOS UNIDOS, México & Buenos Aires, siglo veintiuno editores, 2001, & Havana, Instituto del Libro, Ciencias Sociales, 2004)

- MEXICO'S HOPE (NY: Monthly Review Press, 1998; Spanish ed. LA ESPERANZA DE MÉXICO, México & Buenos Aires, siglo veintiuno editores, 2001)

- PRECURSORES INTELECTUALES DE LA REVOLUCIÓN MEXICANA (México: siglo veintiuno editores, twenty-fifth ed., 2005)

- LATINO VISIONS: CONTEMPORARY CHICANO, PUERTO RICAN, AND CUBAN AMERICAN ARTISTS (Danbury, CT: Franklin Watts/Scholastic, 2000)

- HISTORIA DE UN PUEBLO MIGRANTE LOS TRABAJADORES DE MICHOACÁN (México: Jorale Editores, 2005)

- LATINOS EN LA CONSTRUCCIÓN DE LOS ESTADOS UNIDOS (La Habana: Instituto del Libro, Ciencias Sociales, 2008)

- CUBA EN MI SANGRE (La Habana: Centro de Estudios Martianos, 2009)

James D. Cockcroft, Ph.D., Universidad de Stanford (1966, Estudios Latinoamericanos), es inmigrante canadiense e Internet Profesor de la Universidad Estatal de Nueva York. Tres veces un becario Fulbright, él es autor bilingüe galardonado de 40 libros sobre América Latina; derechos humanos; migración; Latin@s; y la cultura. Un activista con toda una vida entregada a la causa de los derechos humanos, él es mejor conocido como un escritor, Latinoamericanista, maestro, y orador público. Un abuelo orgulloso y un nadador, jardinero, y cocinero apasionado, el doctor Cockcroft es vicepresidente del Tribunal Benito Juárez de la sociedad civil que oyó cargos de terrorismo estadounidense contra Cuba en 2005 y miembro del Consejo Mundial del Proyecto José Martí de Solidaridad Mundial patrocinado por la UNESCO, la Coordinadora Internacional de Redes en Defensa de la Humanidad, el Comité Internacional por la Libertad de los Cinco Héroes Cubanos, la Table de Concertation de Solidarité Québec-Cuba, le Comité Fabio Di Celmo pour les 5, y la Alianza Literaria Canadiense-Cubana. Su página multilingüe es www.jamescockcroft.com.

Sus últimos libros incluyen:

• AMÉRICA LATINA Y ESTADOS UNIDOS HISTORIA Y POLÍTICA PAÍS POR PAÍS (México & Buenos Aires, siglo veintiuno editores, 2001, & La Habana, Instituto del Libro, Ciencias Sociales, 2004)

• LA ESPERANZA DE MÉXICO (México & Buenos Aires, siglo veintiuno editores, 2001)

• PRECURSORES INTELECTUALES DE LA REVOLUCIÓN MEXICANA (México: siglo veintiuno editores, la vigésima quinto edición, 2005)

• LATINO VISIONS: CONTEMPORARY CHICANO, PUERTO RICAN, AND CUBAN AMERICAN ARTISTS (Danbury, CT: Franklin Watts/Scholastic, 2000)

• HISTORIA DE UN PUEBLO MIGRANTE LOS TRABAJADORES DE MICHOACÁN (México: Jorale Editores, 2005)

• LATINOS EN LA CONSTRUCCIÓN DE LOS ESTADOS UNIDOS (La Habana: Instituto del Libro, Ciencias Sociales, 2008)

• CUBA EN MI SANGRE (La Habana: Centro de Estudios Martianos, 2009)

James D. Cockcroft est un poète bilingue actif et très impliqué tant en littérature que dans les causes humanitaires. James est un immigrant canadien qui se dit "Latin Americaniste", écrivain, professeur et conférencier. Dr. Cockcroft détient un doctorat de l'université Stanford. Il est membre de plusieurs organismes et associations, notamment: le World Council pour le José Martí World Solidarity Project commandité par l'UNESCO; le Coordinateur International en Défense de l'Humanité; le Comité International pour la Liberté des Cinq Héros Cubains; la Table de Concertation de Solidarité Cuba-Québec; le Comité Fabio Di Celmo pour les 5; et l'Alliance littéraire Canada-Cuba. James a déjà publié 40 ouvrages et remporté divers prix. Pour en savoir plus sur lui, visitez www.jamescockcroft.com

Biographical Sketch of Artist:

Víctor Manuel Velázquez Mirabal graduated in medicine in 2005. As a member of the Henry Reeve Internationalist Brigade, he has served in Pakistan, Venezuela and Bolivia. A painter of prominent talent, despite his youth, Víctor has already had more than 20 collective and 6 solo exhibitions. He has received ten relevant awards including the First Award of the Salón Provincial de Artes Plásticas (Holguín), the Gran Premio de Ilustración Fayad Jamís (Havana City), the Gran Premio El Angelote (Holguín), and the Premio de Oro del Salón Nacional de la FEU. Víctor is a member of the leading Cuban artistic associations UNEAC and AHS.

Víctor Manuel Velázquez Mirabal se graduó de doctor en medicina en 2005. Como miembro del Contingente Internacionalista Henry Reeve, ha cumplido misiones en Pakistán, Venezuela y Bolivia. Artista plástico de relevante talento, cuenta a pesar de su juventud con más de 20 exposiciones colectivas y 6 personales. Ha recibido diez premios importantes entre los que se incluyen el Primer Premio al Salón Provincial de Artes Plásticas (Holguín), Gran Premio de Ilustración Fayad Jamís (Ciudad de la Habana), Gran Premio El Angelote (Holguín), Premio de Oro del Salón Nacional de la FEU. Actualmente es miembro de la UNEAC y de la AHS.

Author's Note:

In the first poems, "Hedda" refers to my beloved second wife Hedda Garza, whose sudden and unexpected death in 1995 plunged me into an "abyss" of grief. "Susan" refers to my present love, Susan Caldwell, who, with so many others, helped me pull myself out from that abyss to acknowledge – as expressed in the concluding lines of one of the poems – "and, yes, / celebration… / of my mended self."

Nota del autor:

En los primeros poemas, "Hedda" refiere a mi bienamada segunda esposa Hedda Garza, cuya muerte repentina e imprevista en 1995 me sumió en un abismo de dolor. "Susan" refiere a mi amor actual Susan Caldwell, que junto con tantas otras me ayudó levantarme del abismo para reconocer – como lo expresan las últimas líneas de uno de los poemas – "y, sí, / celebración… / de mi yo curado."